KB209953

인간관계를 위한 책이자,
나를 자유롭게 하는 기술이 담긴 책.

드로우앤드류_ 유튜버, 『럭키 드로우』 저자

이 책은 실천을 위한 책이다.

데일 카네기

상대는 중요한 사람이다

상대는 중요한 사람이다

타인의
마음을 움직이는
카네기의 말

『인간관계론』에서
드로우앤드류가 뽑아 엮고 씀

윌북

데일 카네기*Dale Carnegie* (1888~1955)와
『인간관계론』에 대하여

데일 카네기는 1888년에 미국 미주리주에서 태어나
가난한 농부의 아들로 어린 시절을 보냈다. 워런스버그
주립 사범대학을 졸업한 후에는 교사, 세일즈맨을
비롯해 다양한 직업을 거치며 사회생활 경험을 쌓았다.
그러다 1912년, YMCA에서 말하기 수업을 열면서 이름이
알려졌다. 수업을 진행하며 수강생들이 말하기에 앞서
인간관계에 어려움을 겪는다는 사실을 깨닫고 인간관계
기술을 가르치기 시작했다. 카네기의 인간관계 수업을
들은 수강생들은 이를 가정, 회사, 친구 등 실제 삶에
적용해 성공적인 결과를 얻었고, 각자의 성취 사례를 함께
나누었다. 처세, 자기관리, 화술, 리더십에 대한 그의 강의는
미국에서 엄청난 인기를 끌었다. 이를 바탕으로 카네기
연구소가 설립되어 '데일 카네기 수업'이 시작되었고,
지금까지도 전 세계 90개국에서 운영되고 있다. 카네기는
자신의 연구와 강좌 내용을 정리해 불후의 명작을 남겼다.
대표적으로 『인간관계론』『자기관리론』『성공대화론』
3부작이 유명하다. 그중에서도 『인간관계론』은 출간 이후
지금까지 전 세계 1억 부가 판매되며 자기계발 분야 최고의
고전이자 인간관계의 바이블로 자리 잡았다.

꿀을 얻고 싶거든
벌집을 걷어차지 마라.

『인간관계론』 중에서

차례

일러두기

1. 이 책은 데일 카네기 『인간관계론』에서 인상 깊은 문장을 드로우앤드류가 뽑고 원문과 함께 엮어 쓴 책입니다.
2. 글의 순서는 원작을 따랐으나, 장 구성은 원작과 다르게 편집하여 구성하였습니다.
3. 데일 카네기가 쓰고, 송보라가 우리말로 옮긴 윌북 '굿라이프 클래식' 『인간관계론』의 한글 번역본을 대본으로 하였으며, 해당 영문을 실어 원저자의 의도를 느낄 수 있도록 했습니다.
4. 이 책의 저작권은 (주)윌북이 소유합니다. 저작권법에 따라 보호를 받는 저작물이므로 무단 전재 및 복제를 금합니다.

"성공의 비결은 나뿐만 아니라
상대방의 눈으로 상황을
바라보는 능력에 달렸다."

헨리 포드

1장

누구나 자신이
중요한 사람이길
원한다

"혼자서만 잘 살면 되지 않을까?" 저는 20대 시절부터 10년째 혼자 살고 있습니다. 회사를 나와 프리랜서로 일한 지도 5년 차가 되었죠. 점점 더 개인화되는 요즘 시대, 혼자 살고 혼자 일하는 데 익숙한 저에게 90년이나 된 '인간관계'에 대한 책이 필요할까 의문이 들었습니다. 하지만 『인간관계론』을 읽고 저는 지난날을 돌아보게 되었습니다. 같은 아파트에 살던 룸메이트, 옆집에 사는 이웃, 아르바이트를 하면서 대했던 고객들, 함께 일하던 직장 동료들과 상사 들까지. "그때 내가 이렇게 행동했다면 어땠을까?" 하는 생각이 들었지요. 당시에는 나 혼자서만 잘하면

되리라 생각했지만 돌이켜보니 인생은 관계의
연속이었습니다.

기술이 발달하면서 사람들 사이의 물리적 거리는
멀어지고 점점 개인주의화되며, 대면 소통도 줄어든
것처럼 느껴집니다. 그럼에도 우리는 매일 어딘가에서
소통합니다. 가족, 친구, 동료, 낯선 사람과 전화로,
혹은 인터넷으로 만나고 있습니다. 아니 어쩌면
인간관계의 갈등과 오해는 더 다양하고 섬세해진 것
같습니다. 물리적 거리는 멀어졌지만, 심리적 거리는
더 가까워졌죠. 공간에 제약 없이 메신저로 연락을
하고 SNS로 수시로 서로의 근황을 확인하니까요.
누구나 소셜미디어로 한 번도 만나보지 못한 사람과
친밀한 소통을 하기도 합니다. 이 시대야말로 더
많은 사람과의 다양한 소통을 하고 있기 때문에,
'인간관계의 기술'이 절실히 필요한 때가 아닌가
싶습니다. 이 모든 만남과 대화 속에서 우리의 성공과
실패, 행복과 불행이 정해지니까요.

데일 카네기 『인간관계론』은 단순히 사람을 사귀고
설득하는 기술을 넘어, 진정한 인간관계를 형성하고,
타인의 마음을 움직이는 방법을 알려줍니다. 출간된

지 100년 가까이 된 책이지만, 지금 우리 삶에 적용되는 데 무리가 없습니다. 오히려 이 시대를 예언한 게 아닌가 싶을 정도로 놀라운 이야기가 많습니다. 일상에서 마주하는 다양한 상황에서 효과적으로 소통하고, 긍정적인 관계를 맺는 데 필요한 실용적인 조언들이 가득 담겨 있습니다. 사람과의 관계를 위해 노력하는 일이 결국 나 스스로 자유로워지는 방법이라는 걸 함께 느꼈으면 좋겠습니다.

이 장에서는 '인간은 모두 자신이 중요한 사람이길 원한다'는 인간 본성에 기반한 『인간관계론』의 핵심 주제부터 시작합니다. 삶에 적용할 수 있는 '행동을 위한' 문장들을 모았습니다.

세계적인 심리학자인 B.F. 스키너는 좋은
행동을 칭찬받은 동물이 나쁜 행동으로
벌 받은 동물보다 훨씬 빨리 배우고,
배운 것을 효과적으로 기억한다는
것을 실험으로 입증했다. 그리고 추후
연구에서 인간도 이와 같다고 밝혔다.
비판은 지속적인 변화를 이끌지 못하고
분노를 자극할 때가 많다. 또 다른 위대한
심리학자 한스 셀리에는 이렇게 말했다.
"인정을 갈망하는 만큼 우리는 비난을
두려워한다."

B. F. Skinner, the world-famous psychologist, proved through his experiments that an animal rewarded for good behavior will learn much more rapidly and retain what it learns far more effectively than an animal punished for bad behavior. Later studies have shown that the same applies to humans. By criticizing, we do not make lasting changes and often incur resentment. Hans Selye, another great psychologist, said, "As much as we thirst for approval, we dread condemnation."

남북전쟁 당시 링컨은 포토맥 군대를 이끄는 새로운 사령관을 여러 번 임명해야 했다. 매클렐런, 포프, 번사이드, 후커, 미드를 비롯한 여러 장군은 각기 치명적인 실수를 저질렀고, 링컨은 절망으로 번뇌했다. 많은 국민이 무능한 장군들을 맹렬히 비난했지만 링컨은 '누구에게도 악의를 품지 않고 모두에게 자비를'이라는 생각으로 평정심을 유지했다. 그가 좋아하던 명언 중에 이런 말이 있었다. "심판받고 싶지 않으면 남을 심판하지 마라." 자신의 아내와 다른 이들이 남부 사람에 대해 함부로 떠들 때도 그는 같은 태도를 유지했다. "비난 마시오. 우리도 비슷한 상황이라면 그들과 같았을 것이오."

Time after time, during the Civil War, Lincoln put a new general at the head of the Army of the Potomac, and each one in turn—MaClellan, Pope, Burnside, Hooker, Meade—blundered tragically and drove Lincoln to pacing the floor in despair. Half the nation savagely condemned these incompetent generals, but Lincoln, 'with malice toward none, with charity for all,' held his peace. One of his favorite quotations was "Judge not, that ye be not judged". And when Mrs. Lincoln and others spoke harshly of the southern people, Lincoln replied: "Don't criticize them; they are just what we would be under similar circumstances."

"어쨌든 이미 지난 일이야. 편지를 보내면 내 기분은 풀리겠지만 미드는 변명하려 들겠지. 나를 비난할 거고. 그렇게 나쁜 감정이 생기면 앞으로의 임무에도 안 좋은 영향을 줄 수 있어. 아예 부대를 떠날지도 몰라."

"Anyhow, it is water under the bridge now. If I send this letter, it will relieve my feelings, but it will make Meade try to justify himself. It will make him condemn me. It will arouse hard feelings, impair all his further usefulness as a commander, and perhaps force him to resign from the army."

이처럼 누군가를 훈계하고 싶은 마음이
들 때면 주머니에서 5달러를 꺼내
링컨의 사진을 보며 이렇게 생각해보자.
"링컨이라면 이 문제를 어떻게 다루었을까?"

The next time we are tempted to admonish
somebody, let's pull a five-dollar bill out of
our pocket, look at Lincoln's picture on the
bill, and ask. "How would Lincoln handle
this problem if he had it?"

누군가를 바꾸고, 통제하고, 나아지게
만들고 싶은가? 좋다! 괜찮다. 완전히
찬성이다. 다만 먼저 자신부터 시작하는
게 어떨까? 단순히 이기적인 관점에서
보더라도 남보다 자신을 나아지게 만드는
것이 훨씬 이로운 일이다. 게다가 위험
요소도 더 적다. 공자는 말했다. "내 집 앞도
못 치우면서 남의 집 지붕에 쌓인 눈에 대해
불평하지 마라.

Do you know someone you would like to
change and regulate and improve? Good!
That is fine. I am all in favor of it, but why
not begin on yourself? From a purely selfish
standpoint, that is a lot more profitable
than trying to improve others—yes, and a
lot less dangerous. "Don't complain about
the snow on your neighbor's roof," said
Confucius, "when your own doorstep is
unclean."

나는 30년이 넘게 실수를 반복한 후에야
깨달았다. 잘못의 크기와 관계없이 인간은
십중팔구 자신을 탓하지 않는다. 비판은
무익하다. 비판은 사람을 방어적으로 만들고
자신을 정당화하려 애쓰게 한다. 비판은
위험하다. 사람의 고귀한 자존심에 상처를
주고, 자존감을 훼손하고, 분노를 이끈다.

I personally had to blunder through this
old world for a third of a century before it
even began to dawn upon me that ninety
nine times out of a hundred, people don't
criticize themselves for anything, no
matter how wrong it may be. Criticism
is futile because it puts a person on the
defensive and usually makes them strive to
justify themselves. Criticism is dangerous,
because it wounds a person's precious
pride, hurts their sense of importance, and
arouses resentment.

수십 년간 마음에 맺히고 평생을 괴롭힐
분노를 일으키고 싶다면 그저 신랄하게 남을
비판하면 된다. 하지만 아무리 그 비판이
정당하다 해도 상대에게 상처를 준다는
결과는 같다.

If you and I want to stir up a resentment
tomorrow that may rankle across the
decades and endure until death, just let
us indulge in a little stinging criticism—
no matter how certain we are that it is
justified.

영국 문학을 발전시킨 대단한 작가이자
감수성이 예민했던 토머스 하디는
쓰라린 비평 때문에 소설 집필을 영원히
그만두었고, 영국의 시인 토머스 채터턴은
혹평으로 인해 목숨을 끊었다. 기억하자.
우리가 대하는 사람은 논리의 생명체가 아닌
감정의 생명체이자, 편견으로 가득하고
자존심과 자만심으로 움직이는 생명체다.

Bitter criticism caused the sensitive
Thomas Hardy, one of the finest novelists
ever to enrich English literature, to give
up forever the writing of fiction. Criticism
drove Thomas Chatterton, the English
poet, to suicide. When dealing with people,
let us remember we are not dealing with
creatures of logic. We are dealing with
creatures of emotion, creatures bristling
with prejudices and motivated by pride and
vanity.

비판하고 비난하며 불평하기란 쉽다.
어리석은 자들은 대부분 그렇다. 남을
이해하고 용서하기 위해서는 인품과
자제력이 필요하다. 영국의 사상가 칼라일은
이렇게 말했다. "위인은 보잘것없어 보이는
사람을 대하는 태도에서 드러난다."

Any fool can criticize, condemn and
complain and most fools do. But it
takes character and self-control to be
understanding and forgiving. "great man
shows his greatness," said Carlyle, "by the
way he treats little men."

비난하는 대신 이해하려고 노력하자. 왜
그 사람이 그렇게 행동했는지 수긍하려
애써보자. 그것이 비판보다 훨씬 이롭고
흥미로운 일이며, 공감과 관용과 친절을
키우는 행동이다. "모든 것을 알면 모든 것을
용서할 수 있다." 영국 시인 새뮤얼 존슨은
다음과 같이 말했다. "하느님도 마지막
날까지 인간을 심판하지 않겠다고 했다."
그런데 당신과 내가 어찌 심판하겠는가?

Instead of condemning people, let's try to
understand them. Let's try to figure out
why they do what they do. That's a lot more
profitable and intriguing than criticism;
and it breeds sympathy, tolerance and
kindness. "To know all is to forgive all." As
Dr. Johnson said: "God Himself, sir, does
not propose to judge man until the end of
his days." Why should you and I?

무언가를 하게 만들기 위해서는 그 사람이
원하는 것을 주는 것이 유일한 방법이다.
그렇다면 사람들은 무엇을 원할까?
지크문트 프로이트는 우리가 하는 모든 일에
두 가지 동기가 작용한다고 말한다. 바로
성적 욕구와 위대해지고 싶은 욕구다.

The only way I can get you to do anything is
by giving you what you want. What do you
want? Sigmund Freud said that everything
you and I do springs from two motives: the
sex urge and the desire to be great.

미국의 저명한 철학자인 존 듀이는 이를
조금 다르게 표현한다. 그가 말하는
인간 본성의 가장 깊은 욕구는 '중요한
사람이되고 싶은 욕구'다. 당신은 무엇을
원하는가? 많지는 않아도 몇 가지는
강력하게 끊임없이 갈망할 것이다. 많은
사람이 다음 것들을 원한다.

John Dewey, one of America's most
profound philosophers, phrased it a bit
differently. Dr. Dewey said that the deepest
urge in human nature is "the desire to be
important." What do you want? Not many
things, but the few that you do wish, you
crave with an insistence that will not be
denied. Some of the things most people
want include:

1. 건강과 장수

2. 음식

3. 수면

4. 돈과 돈으로 살 수 있는 것

5. 사후의 삶

6. 성적 만족

7. 자식의 행복

8. 자신이 중요한 사람이라는 느낌

---

1. Health and the preservation of life.

2. Food.

3. Sleep.

4. Money and the things money will buy.

5. Life in the hereafter.

6. Sexual gratification.

7. The well-being of our children.

8. A feeling of importance.

이 요소들은 하나를 제외하고는 대부분
충족된다. 하지만 그 한 가지는 음식이나
잠을 향한 열망만큼 깊고 간절하다 해도
쉽게 충족될 수 없다. 바로 프로이트가
말한 '위대해지고 싶은 욕구'이자 듀이가
표현한 '중요한 사람이 되고 싶은 욕구'다.
링컨은 이렇게 편지를 시작한 적이 있다.
"사람은 모두 칭찬을 원합니다."

Almost all these wants are usually
gratified—all except one. But there is
one longing—almost as deep, almost as
imperious, as the desire for food or sleep—
which is seldom gratified. It is what Freud
calls "the desire to be great". It is what
Dewey calls the "desire to be important".
Lincoln once began a letter saying:
"Everybody likes a compliment."

찰스 슈와브는 미국에서 거의 최초로
연봉 100만 달러 이상을 받은 사람이다.
소득세도 없고 주급 50달러를 받는 이가
부유하다고 여겨지던 시절에 말이다.
슈와브는 자신이 고액 연봉을 받는 이유가
사람을 다루는 능력 덕분이라고 밝혔다.

One of the first people in American
business to be paid a salary of over a million
dollars a year (when there was no income
tax and a person earning fifty dollars a
week was considered well off) was Charles
Schwab. Schwab says that he was paid this
salary largely because of his ability to deal
with people.

"제가 가진 가장 큰 장점은 직원들의 열정을 자극하는 능력입니다. 사람들의 잠재력을 최대한 끌어내기 위해서는 인정과 격려가 필요해요. 상사의 비난처럼 한 사람의 야망을 꺾는 일도 없습니다. 저는 누구도 비판하지 않습니다. 일하는 동기를 부여해야 한다고 믿죠. 따라서 칭찬을 즐기되, 결점은 찾지 않습니다. 무언가 마음에 들 때는 진심으로 폭풍 같은 칭찬을 보내죠."

"I consider my ability to arouse enthusiasm among my people," said Schwab, "the greatest asset I possess, and the way to develop the best that is in a person is by appreciation and encouragement. There is nothing else that so kills the ambitions of a person as criticisms from superiors. I never criticize anyone. I believe in giving a person incentive to work. So I am anxious to praise but loath to find fault. If I like anything, I am hearty in my approbation and lavish in my praise."

<빈에서의 재회Reunion in Vienna〉라는
영화에서 주연을 맡은 당대 최고의 배우
앨프리드 런트는 이렇게 말했다. "나에게
가장 필요한 건 내 자부심을 키워줄
영양분이다."

When Alfred Lunt, one of the great
actors of his time, played the leading role
in *Reunion in Vienna*, he said, "There is
nothing I need so much as nourishment for
my self-esteem."

우리는 자식, 친구, 직원의 신체에
필요한 영양분을 공급한다. 그러나
그들의 자부심에까지 영양분을 주는
일은 드물다. 에너지에 필요한 고기와
감자는 마련하면서 인정의 말은 중요하게
여기지 않는 것이다. 따뜻한 말은 샛별이
들려주는 음악처럼 수년간 상대의
마음속에 울릴 텐데 말이다.

We nourish the bodies of our children and
friends and employees, but how seldom do
we nourish their self-esteem? We provide
them with roast beef and potatoes to build
energy, but we neglect to give them kind
words of appreciation that would sing in
their memories for years like the music of
the morning stars.

장기적인 관점에서 보았을 때 아첨은
이롭기보다 해로운 쪽에 가깝다.
위조지폐처럼 진짜가 아니기 때문이다.
위조지폐를 다른 사람에게 건네면 문제가
발생하듯이 결국 아첨한 당사자는
곤란해지고 만다.

In the long run, flattery will do you more
harm than good. Flattery is counterfeit,
and like counterfeit money, it will
eventually get you into trouble if you pass it
to someone else.

그렇다면 인정과 아첨은 무엇이
다를까? 간단하다. 인정은 진실하고,
아첨은 그렇지 않다. 인정은 마음에서
우러나오고, 아첨은 입에서 나온다.
인정은 이타적이고, 아첨은 이기적이다.
인정은 모두에게 환대받고, 아첨은
비난받는다.

The difference between appreciation and
flattery? That is simple. One is sincere and
the other insincere. One comes from the
heart out; the other from the teeth out.
One is unselfish; the other selfish. One is
universally admired; the other universally
condemned.

최근에 멕시코시티 차풀테펙 궁전에서
멕시코의 영웅 알바로 오브레곤 장군의
흉상을 보았는데, 흉상 아래에는 장군의
철학이 담긴 잠언이 새겨져 있었다.
"당신이 두려워할 대상은 공격하는 적이
아닌 아첨하는 친구다."

I recently saw a bust of Mexican hero
General Alvaro Obregon in the Chapultepec
palace in Mexico City. Below the bust are
carved these wise words from General
Obregon's philosophy: "Don't be afraid of
enemies who attack you. Be afraid of the
friends who flatter you."

살아가며 가장 잊기 쉬운 가치가 바로 인정이다. 아이들을 키울 때는 좋은 성적을 가지고 와도 칭찬에 인색하고, 난생처음 케이크를 굽거나 새집을 짓는 데 성공해도 격려해주지 않는다. 부모의 관심과 인정보다 아이들을 기쁘게 하는 것은 없다.

One of the most neglected virtues of our daily existence is appreciation, Somehow, we neglect to praise our son or daughter when he or she brings home a good report card, and we fail to encourage our children when they first succeed in baking a cake or building a birdhouse. Nothing pleases children more than this kind of parental interest and approval.

누군가가 어떤 행동을 하게끔 설득하고 싶은가? 그렇다면 말을 꺼내기 전에 잠시 멈추고 자문해보자. "이 사람이 그 일을 하고 싶게 만들려면 어떻게 해야 할까?" 이런 생각을 하면 경솔하게 상황에 달려들어 쓸데없이 내가 원하는 것만 떠들어대지 않을 수 있다.

Tomorrow you may want to persuade somebody to do something. Before you speak, pause and ask yourself: "How can I make this person want to do it?" That question will stop us from rushing into a situation heedlessly, with futile chatter about our desires.

나는 매일 보는 거울에 이런 잠언을
붙여놓았다. "나는 이 길을 한 번 지나간다.
그러므로 사람들에게 줄 수 있는 친절과
행동을 지금 실천하겠다. 다시는 이 길을
갈 수 없으니 친절을 미루거나 외면하지
않겠다."

There is an old saying that I have cut out
and pasted on my mirror where I cannot
help but see it every day: "I shall pass this
way but once; any good, therefore, that I
can do or any kindness that I can show to
any human being, let me do it now. Let me
not defer nor neglect it, for I shall not pass
this way again."

모든 성직자, 강연자, 연설가는
열과 성을 쏟아부어 강연을 마치고도
청중에게 단 한 번의 감사 인사를 받지
못할 때의 실망감을 잘 안다. 그리고
전문가가 느끼는 이런 실망감은 우리 가족,
지인, 사무실과 상점과 공장에서 일하는
노동자에게 두 배로 다가온다. 우리가
대하는 모든 이가 한 인격체며 인정에
목말라 있다는 사실을 잊지 말자. 인정은
모든 영혼에 필요한 법정화폐다. 일상에서
감사라는 작은 불꽃을 친절하게 남겨보자.
그러면 놀랍게도 당신이 다음번에 방문했을
때 그것이 우정이라는 작은 불을 피워
장밋빛 등불을 환하게 밝혀줄 것이다.

Every minister, lecturer and public speaker knows the discouragement of pouring himself or herself out to an audience and not receiving a single ripple of appreciative comment. What applies to professionals applies doubly to workers in offices, shops and factories and our families and friends. In our interpersonal relations we should never forget that all our associates are human beings and hunger for appreciation. It is the legal tender that all souls enjoy. Try leaving a friendly trail of little sparks of gratitude on your daily trips. You will be surprised how they will set small flames of friendship that will be rose beacons on your next visit.

에머슨은 말했다. "내가 만나는 모든
이는 나보다 뛰어난 면이 있기에 배울
점이 있다." 위대한 사상가인 에머슨도
그렇게 생각한다면 우리에게는 천배 더
맞는 말이 아닐까? 우리의 성과와 바람에
관해서는 잠시 생각을 멈추자. 타인의
장점을 생각하려 애쓰자. 아첨 따위는 잊고
솔직하고 진심 어린 인정을 표현하자.
진심으로 인정하고 칭찬을 아끼지 말자.
그러면 사람들도 당신의 말을 소중히
여기고, 평생 간직하고, 되새기기 마련이다.
만약 당신이 그 말을 잊더라도 그들은
당신의 말을 기억할 것이다.

Emerson said: "Every man I meet is my superior in some way, In that, I learn of him." If that was true of Emerson, isn't it likely to be a thousand times more true of you and me? Let's cease thinking of our accomplishments, our wants. Let's try to figure out the other person's good points. Then forget flattery. Give honest, sincere appreciation. Be "hearty in your approbation and lavish in your praise," and people will cherish your words and treasure them and repeat them over a lifetime—repeat them years after you have forgotten them.

왜 내가 원하는 것만 논하는가? 유치하고
어리석은 일이다. 물론 인간은 자신이
원하는 것을 평생 중요히 여긴다. 그러나
다른 사람은 당신이 원하는 것에 관심이
없다. 세상 사람 모두가 마찬가지다.
사람들은 자신이 원하는 것에 관심이 있다.
그러므로 다른 사람을 움직이는 유일한
방법은 상대가 원하는 것에 대해 이야기하고
그걸 얻는 방법을 알려주는 것이다.

Why talk about what we want? That
is childish. Absurd. Of course, you are
interested in what you want. You are
eternally interested in it. But no one else is.
The rest of us are just like you.
We are interested in what we want. So the
only way on earth to influence other people
is to talk about what they want and show
them how to get it.

심리학자 해리 A. 오버스트리트는
말했다. "행동은 우리의 본질적 욕구에서
나온다.… 회사에서든 집에서든 학교에서든
정치판에서든 설득하고 싶은 자에게 줄
수 있는 최고의 조언은 다음과 같다. "먼저
다른 사람의 열망을 자극하라. 그러는 자는
세상을 얻을 것이고, 그렇지 못한 자는
고독한 길을 가게 될 것이다."

Harry A. Overstreet said; "Action springs
out of what we fundamentally desire...
and the best piece of advice which can be
given to would-be persuaders, whether
in business, in the home, in the school, in
politics, is: First, arouse in the other person
an eager want. He who can do this has
the whole world with him. He who cannot
walks a lonely way."

스코틀랜드 출신의 가난한 청년이던 앤드루 카네기가 처음 받은 시급은 단돈 2센트였다. 훗날 그는 3억 6500만 달러를 기부한다. 카네기는 사람을 움직이는 유일한 방법은 상대방이 원하는 관점에서 말하는 것임을 일찍이 깨우쳤다. 학교는 4년밖에 다니지 못했지만 사람을 대하는 그의 기술은 뛰어났다.

Andrew Carnegie, the poverty-stricken Scotch lad who started to work at two cents an hour and finally gave away $365 million, learned early in life that the only way to influence people is to talk in terms of what the other person wants. He attended school only four years; yet he learned how to handle people.

인간관계 기술에 관한 최고의 조언이
있다. 헨리 포드는 "성공의 비결은 다른
사람의 관점을 파악하고 나뿐만 아니라
상대의 눈으로 상황을 바라보는 능력에
달렸다"고 말했다.

Here is one of the best bits of advice
ever given about the fine art of human
relationships. "If there is any one secret
of success," said Henry Ford, " It lies in
the ability to get the other person's point
of view and see things from that person's
angle as well as from your own."

오늘도 피곤하고 풀죽은 수많은 영업 사원이 적은 수입에도 발품을 팔러 다닌다. 왜? 언제나 본인이 원하는 것만 생각하기 때문이다. 사람들이 사고 싶어 하지 않다는 사실은 망각한 채 말이다. 사람들은 사고 싶어지면 직접 찾아 산다. 우리는 평생 자기 문제를 해결하는 데 몰두하므로 영업 사원이 자신의 서비스와 상품으로 문제에 어떤 도움을 줄지 알려준다면 애쓰지 않아도 직접 사게 될 것이다. 고객은 누가 내게 팔았다기보다 내가 샀다는 느낌을 더 선호한다.

Thousands of salespeople are pounding the pavements today, tired, discouraged andunderpaid. Why? Because they are always thinking only of what they want. They don't realize that neither you nor I want to buy anything. If we did, we would go out and buy it. But both of us are eternally interested in solving our problems. And if salespeople can show us how their services or merchandise will help us solve our problems, they won't need to sell us. We'll buy. And customers like to feel that they are buying—not being sold.

이 세상은 자신만 생각하는 야심가로
가득하다. 따라서 다른 사람을 위해
이타적으로 행동하는 드문 사람에게는
엄청난 기회가 생긴다. 경쟁이 적기
때문이다.

The world is full of people who are grabbing
and self-seeking. So the rare individual
who unselfishly tries to serve others has
an enormous advantage. He has little
competition.

"다른 사람의 입장에서 생각할 수 있는 자, 그들의 마음이 어떻게 움직이는지 이해하는 자는 미래를 걱정할 필요가 없다." 이 책에서 가져갈 한 가지는 항상 다른 사람의 관점에서 생각하고, 그들의 눈으로 상황을 보는 습관이다. 그것 하나만 얻어가도 당신이 경력을 쌓아가는 데 큰 힘이 될 것이다.

"People who can put themselves in the place of other people who can understand the workings of their minds, need never worry about what the future has in store for them." If out of reading this book you get just one thing—an increased tendency to think always in terms of other people's point of view, and see things from their angle—if you get that one thing out of this book, it may easily prove to be one of the building blocks of your career.

작가 윌리엄 윈터는 '자기표현은 인간 본성의 주된 요소다'라고 말했다. 비즈니스에서도 이 심리를 적용해보자. 좋은 생각이 있을 때, 상대방이 그게 당신의 아이디어라 생각하게 만들기보다는 그들이 직접 아이디어를 젓고 요리하게끔 이끄는 것이다. 그러면 그들은 그 아이디어를 자기 것처럼 생각하고 즐기면서 몇 그릇씩 먹으려 할 것이다. 기억하자. "먼저 다른 사람의 열망을 자극하라. 그러는 자는 세상을 얻을 것이고, 그렇지 못한 자는 고독한 길을 가게 될 것이다."

William Winter once remarked that "self-expression is the dominant necessity of human nature." Why can't we adapt this same psychology to business dealings? When we have a brilliant idea, instead of making others think it is ours, why not let them cook and stir the idea themselves. They will then regard it as their own; they will like it and maybe eat a couple of helpings of it. Remember: "First, arouse in the other person an eager want. He who can do this has the whole world with him. He who cannot walks a lonely way."

우리가 태어난 순간부터 해온 모든
행동은 무엇을 원하기 때문에 일어났다.
적십자사에 큰돈을 기부한 행동도
마찬가지다. 도움의 손길을 주고 싶고,
아름답고 이타적이고 신성한 행동을 하고
싶어 기부한 것이다. 돈보다 그런 감정을
원했기 때문에 도움을 준 것이다. 즉,
당신은 무언가를 원해서 기부했다.

Every act you have ever performed since
the day you were born was performed
because you wanted something. If you
hadn't wanted that feeling more than you
wanted your money, you would not have
made the contribution. You gave the Red
Cross the donation because you wanted
to lend a helping hand; you wanted to do a
beautiful, unselfish, divine act. You made
the contribution because you wanted
something.

타인의 입장에서 생각하고 욕구를
자극하는 것이 상대방을 조종해 당신은
이익을, 상대방은 손해를 보게 만든다고
해석되어서는 안 된다. 이 과정에서는
양쪽 모두가 얻는 것이 있어야 한다.

Looking at the other person's point of
view and arousing in them an eager want
for something is not to be construed as
manipulating that person so that they will
do something that is only for your benefit
and their detriment. Each party should
gain from the negotiation.

2장

경청은 최고의
찬사다

사랑받는 것이 싫은 사람이 있을까요? 우리는 모두
사랑받고 관심을 얻고 싶어 합니다. 소셜미디어가
세상에 나오면서 많은 사람에게 사랑받고 관심받는
사람들이 생겨나기 시작했습니다. 인플루언서,
크리에이터, 유튜버 등의 다양한 이름으로 불리며
영향력을 행사하기도 하죠. 이제는 플랫폼의 장벽이
낮아져 누구나 자신의 생각과 경험을 글, 사진,
영상들의 다양한 형태로 공유할 수 있게 되었습니다.
6년째 유튜브 채널을 운영하며 저는 수많은 채널의
흥망성쇠를 지켜보았습니다. 이런 생각을 하기도
했어요. '내 이야기만 하는 게 아니라 상대에게 관심을 보이는 콘텐츠'의 중요성에 대해서요.

이번 장은 '사람들의 호감을 얻는 법'에 관한 카네기의
문장들입니다. 어디서든 환영받는 법을 시작으로
대화의 기술까지 알려주고 있습니다. '나' 중심이
아니라 '상대방'을 중심으로 관계의 추를 옮기는 것이
핵심입니다. 저는 이것이 소셜미디어 생태계와도
매우 닮아 있다고 생각했습니다. 사람들을 어떻게
대하느냐에 따라 큰 사랑을 받기도 하고, 때로는
무너지기도 하니까요. 때로는 주목조차 받지 못하는
사람들도 있죠.

여러분이 새로운 사람을 만날 때, 혹은 처음 가는
장소에서 환영받는 비결을 알고 싶으신가요?
카네기는 친절하고 따뜻한 미소와 진심 어린 관심을
보여주는 것이 얼마나 중요한지 강조합니다. 아주
간단해 보이지만, 실제로 우리 일상에 큰 변화를
가져올 수 있는 강력한 도구죠. 나의 인간관계를
개선하고, 더 나은 소통을 원하는 모든 분들에게 이
문장들이 훌륭한 길잡이가 되길 바랍니다.

개야말로 생존을 위해 일할 필요가 없는
유일한 동물임을 생각해본 적이 있는가?
암탉은 알을 낳아야 하고 젖소는 우유를
만들어야 한다. 카나리아는 노래를 불러야
하지만 개는 사랑만 주면 된다.

Did you ever stop to think that a dog is the
only animal that doesn't have to work for
a living? A hen has to lay eggs, a cow has to
give milk, and a canary has to sing. But a
dog makes his living by giving you nothing
but love.

뉴욕전화회사는 사람들이 가장 많이 쓰는 단어를 찾기 위해 전화 속 대화를 면밀히 연구했다. 짐작했겠지만 가장 많이 나온 단어는 바로 일인칭 대명사 '나'였다. 500통의 대화에서 나라는 단어는 총 3900번이나 등장했다. 나, 나, 나. 당신은 단체 사진을 볼 때 누구의 얼굴을 가장 먼저 찾아보는가? 그저 다른 사람에게 깊은 인상을 남기고 관심을 끌려고만 하면 절대 진정한 친구를 많이 만들 수 없다.

The New York Telephone Company made a detailed study of telephone conversations to find out which word is the most frequently used. You have guessed it: it is the personal pronoun "I" "I" "I" It was used 3900 times in 500 telephone conversations. "I" "I" "I" "I" When you see a group photograph that you are in, whose picture do you look for first? If we merely try to impress people and get people interested in us, we will never have many true, sincere friends. Friends, real friends, are not made that way.

다른 사람의 관심을 끌려고 2년간 애쓰는 것보다 상대에게 진정한 관심을 보이면 두 달 만에 더 많은 친구를 만들 수 있다는 걸 말이야.

You can make more friends in two months by becoming interested in other people than you can in two years by trying to get other people interested in you.

빈 출신의 유명한 심리학자 알프레드 아들러는 저서 『심리학이란 무엇인가』에서 이렇게 말한다. "주변 사람에게 관심 없는 자는 살면서 중대한 어려움에 부닥치며 남에게 큰 상처를 입힌다. 인간의 모든 실패는 바로 그런 자들에게서 발생한다.

Alfred Adler, the famous Viennese psychologist, wrote a book entitled *What Life Should Mean to You*. In that book he says: "It is the individual who is not interested in his fellow men who has the greatest difficulties in life and provides the greatest injury to others. It is from among such individuals that all human failures spring."

한번은 뉴욕대학교에서 열린 단편소설 쓰기 강좌를 들은 적이 있다. 유명 잡지를 편집하는 편집자의 강의였다. 그는 매일 책상에 널린 수십 개의 이야기를 읽는데, 처음 몇 문단만 읽어도 이 작가가 사람을 좋아하는지 아닌지 느껴진다고 했다. "작가가 사람을 좋아하지 않으면 사람들도 그 작가의 글을 좋아할 수가 없지요." 이 냉철한 편집자는 소설 쓰기 강의를 하던 중 두 번이나 멈추며 강조했다. "종교인처럼 설교조로 말해서 미안하지만 꼭 기억하기를 바랍니다. 성공적인 소설가가 되고 싶다면 사람에게 관심을 가지세요." 소설을 쓸 때도 그렇다면 사람을 직접 대할 때는 더더욱 중요할 것이다.

I once took a course in short-story writing at New York University, and during that course the editor of a leading magazine talked to our class. He said he could pick up any one of the dozens of stories that drifted across his desk every day and after reading a few paragraphs he could feel whether or not the author liked people. "If the author doesn't like people," he said, "people won't like his or her stories." This hard-boiled editor stopped twice in the course of his talk on fiction writing and apologized for preaching a sermon. "I am telling you," he said, "the same things your preacher would tell you, but remember, you have to be interested in people if you want to be a successful writer of stories." If that is true of writing fiction, you can be sure it is true of dealing with people face-to-face.

나 역시 진심으로 상대에게 관심을
기울이면 제일 바쁘고 인기 많은
사람에게도 관심과 시간과 협조를 얻을 수
있다는 걸 경험으로 깨달았다.

I have discovered from personal experience
that one can win the attention and time
and cooperation of even the most sought-
after people by becoming genuinely
interested in them.

공장노동자든 사무직원이든 왕좌에 있는
왕이든 모든 사람은 자신을 칭찬해주는
사람을 좋아한다.

All of us, be we workers in a factory, clerks
in an office or even a king upon his throne—
all of us like people who admire us.

친구를 만들고 싶다면 다른 사람을 위해
특별한 노력을 기울여야 한다. 시간과
에너지, 이타심과 배려를 발휘해야 한다.

If we want to make friends, let's put
ourselves out to do things for other
people—things that require time, energy,
unselfishness and thoughtfulness.

친구를 사귀고 싶다면 활발하고 생기 있게 인사를 건네자. 전화를 받을 때도 마찬가지다. 상대방이 전화를 걸어왔다면 매우 기쁜 목소리로 "여보세요"라 답하자.

If we want to make friends, let's greet people with animation and enthusiasm. When somebody calls you on the telephone use the same psychology. Say "Hello" in tones that bespeak how pleased you are to have the person call.

타인에게 진정한 관심을 보이면 친구뿐만
아니라 충성스러운 고객도 만들 수도 있다.

Showing a genuine interest in others not
only wins friends for you, but may develop
in its customers a loyalty to your company.

오래전, 그리스도가 태어나기 100년도 전에 로마의 유명한 시인인 푸블릴리우스 시루스는 강조했다. "상대방이 내게 관심을 보여야 나도 그에게 관심이 간다." 인간관계의 모든 원칙이 그렇듯 관심은 진정성 있게 표현해야 한다. 관심을 보인 사람과 받는 사람 모두에게 도움이 되어야 하고 말이다.

For a long time ago, a hundred years before Christ was born a famous old Roman poet, Publilius Syrus, emarked; "We are interested in others when they are interested in us." A show of interest, as with every other principle of human relations, must be sincere. It must pay off not only for the person showing the interest, but for the person receiving the attention. It is a two-way street-both parties benefit.

행동은 말보다 많은 것을 전달하며
미소는 상대에게 이러한 느낌을 준다.
"당신을 좋아해요. 당신은 저를 행복하게
합니다. 당신을 만나서 기분이 좋습니다."
강아지가 유독 많은 사랑을 받는 이유다.
우리를 보면 그렇게 좋아서 날뛰니 우리도
강아지를 보면 자연스럽게 기분이 좋다.

Actions speak louder than words, and a
smile says, "I like you, You make me happy.
I am glad to see you." That is why dogs
make such a hit. They are so glad to see us
that they almost jump out of their skins.
So, naturally, we are glad to see them.

우리는 위선적인 미소에 넘어가지 않는다.
기계적으로 느껴지기 때문에 오히려
싫어하는 쪽에 가깝다. 내가 말하는
미소는 따뜻하고 마음에서 우러나오는
매우 값진 미소, 바로 진정한 미소다.

An insincere grin? No. That doesn't fool anybody. We know it is mechanical and we resent it. I am talking about a real smile, a heartwarming smile, a smile that comes from within, the kind of smile that will bring a good price in the marketplace.

미국의 한 대형 고무 업체 이사회 의장은
자신이 지켜본 바에 의하면 사람들은
즐기면서 일할 때 성공할 수 있다고 말했다.
이 업계의 리더인 그는 열심히 일하는
것만이 희망의 문을 여는 열쇠라는 오래된
관념을 별로 믿지 않았다. "저는 굉장히
즐겁게 일하면서 성공을 거둔 사람들을
압니다. 하지만 훗날 그 즐거움이 일로
바뀌니 사람도 변하더군요. 비즈니스는
정체되고, 즐거움은 사라지고, 결국
실패하고 말았습니다." 인간관계에서도
상대방이 당신과 좋은 시간을 보내기
바란다면 당신도 그 사람과 좋은 시간을
만들기 위해 노력해야 한다.

The chairman of the board of directors of one of the largest rubber companies in the United States told me that, according to his observations, people rarely succeed at anything unless they have fun doing it. This industrial leader doesn't put much faith in the old adage that hard work alone is the magic key that will unlock the door to our desires, "I have known people," he said, "who succeeded because they had a rip-roaring good time conducting their business. Later, I saw those people change as the fun became work. The business had grown dull, They lost all joy in it, and they failed." You must have a good time meeting people if you expect them to have a good time meeting you.

"미소를 짓는 사람들은 더 잘 가르치고,
물건을 더 효율적으로 판매하며 더 행복한
아이를 기르는 경향이 있다. 미소는
찡그림보다 훨씬 많은 것을 전달한다.
격려가 징벌보다 더욱 효과적인 교육
도구인 이유다." 미소의 효과는 강력하다.

"People who smile tend to manage
teach and sell more effectively, and to
raise happier children. There's far more
information in a smile than a frown.
That's why encouragement is a much
more effective teaching device than
punishment." The effect of a smile is
powerful.

저는 불평하거나 불만을 토로하러 오는
사람들에게도 유쾌하게 응대했어요. 미소
지은 얼굴로 그들의 말을 경청했더니
상황도 훨씬 쉽게 정리되었죠. 미소는
돈을 벌어줍니다. 매일 많은 돈을요.

I treat those who come to me with
complaints or grievances in a cheerful
manner, I smile as I listen to them and I find
that adjustments are accomplished much
easier. I find that smiles are bringing me
dollars, many dollars everyday.

이미 행복한 것처럼 행동하면 그렇게 될 수 있다. 심리학자이자 철학자인 윌리엄 제임스는 이렇게 제시한다. "행동은 감정을 따라가는 것처럼 보이지만 실제로는 함께 간다. 그렇기에 자신의 의지와 좀 더 직접적으로 연결되는 행동을 조절하면 제어하기 힘든 감정도 간접적으로 조절할 수 있다. 따라서 잃어버린 즐거움을 되찾는 자발적 방법은 즐겁게 앉아 이미 즐거운 것처럼 말하고 행동하는 것이다."

Act as if you were already happy, and that will tend to make you happy. Here is the way the psychologist and philosopher William James put it: "Action seems to follow feeling, but really action and feeling go together; and by regulating the action, which is under the more direct control of the will, we can indirectly regulate the feeling, which is not. "Thus the sovereign voluntary path to cheerfulness, if our cheerfulness be lost, is to sit up cheerfully and to act and speak as if cheerfulness were already there."

행복은 외부의 상황이 아닌 내 마음
상태에 달려 있다. 행복을 결정하는 것은
재산, 지위 , 사는 곳, 직업이 아니다.
중요한 건 그것에 대해 당신이 어떻게
생각하는지다.

Happiness doesn't depend on outward
conditions. It depends on inner conditions.
It isn't what you have or who you are or
where you are or what you are doing that
makes you happy or unhappy. It is what you
think about it.

"좋고 나쁨은 없다. 생각이 그렇게 만들 뿐이다." 셰익스피어는 말했다.

"Here is nothing either good or bad,"said Shakespeare," But thinking makes it so."

밖에 나갈 때마다 햇살을 마시고 미소로
친구를 반겨라. 영혼을 담아 힘차게
악수하라. 턱은 끌어당기고 머리는
꼿꼿이 들라. 하고 싶은 일을 마음속에
확고히 정하면 바꾸지 말고 목표를 향해
나아가라. 당신이 이루고 싶은 위대하고
멋진 일들에 마음을 쏟자.

Whenever you go out-of-doors, draw the
chin in, carry the crown of the head high,
and fill the lungs to the utmost; drink in the
sunshine; greet your friends with a smile,
and put soul into every handclasp. Try to fix
firmly in your mind what you would like to
do; and then, without veering off direction,
you will move straight to the goal.

매우 현명하게 처신했던 고대 중국인들은
우리가 항상 지녀야 할 속담을 남겼다.
"웃을 수 없다면 장사를 하지 마라."
미소는 당신의 호의를 전달하며 그 미소를
보는 이들의 삶을 밝혀준다.

The ancient Chinese were a wise lot—wise
in the ways of the world; and they had a
proverb that you and I ought to cut out
and paste inside our hats. It goes like this:
"Man without a smiling face must not open
a shop." Your smile is a messenger of your
good will. Your smile brightens the lives of
all who see it.

미소는 돈이 들지 않지만 많은 것을 만들어냅니다. 미소를 주는 사람은 잃은 것 없이 받는 이의 마음을 풍요롭게 하죠. 순식간에 일어나지만 그 기억이 평생 가기도 합니다. 아무리 부자여도 미소는 필요하고, 아무리 가난해도 미소로 삶이 풍요로워질 수 있답니다.

A smile costs nothing, but creates much. It enriches those who receive, without impoverishing those who give. It happens in a flash and the memory of it sometimes lasts forever, None are so rich they can get along without it, and none so poor but are richer for its benefits.

짐 팔리는 사람들이 이 세상 모든 이의
이름을 합친 것보다 자기 이름에 더
관심이 많다는 것을 일찍이 깨달았다.
그러니 상대의 이름을 기억하고 불러주는
건 은근하면서도 매우 효과적인 찬사다.

Jim Farley discovered early in life that the
average person is more interested in his or
her own name than in all the other names
on earth put together. Remember that
name and call it easily, and you have paid a
subtle and very effective compliment.

친구와 동료의 이름을 기억하고
드높이는 방식은 앤드루 카네기가 지닌
리더십의 비결이었다.

This policy of remembering and honoring
the names of his friends and business
associates was one of the secrets of
Andrew Carnegie's leadership.

사람들은 자신의 이름이 너무 소중해
어떻게든 영원히 남기고 싶어 한다.

People are so proud of their names that
they strive to perpetuate them at any cost.

사람들은 이름을 잘 기억하지 않는다.
이유는 간단하다. 집중해서 외우고 확실히
머릿속에 입력하고자 시간과 노력을 쏟지
않기 때문이다.

Most people don't remember names, for
the simple reason that they don't take the
time and energy necessary to concentrate
and repeat and fix names indelibly in their
minds.

프랭클린 루스벨트는 사람의 호의를 얻는 가장 간단하고 명확하고 중요한 방법을 알았다. 바로 상대의 이름을 기억하고, 그 사람을 중요하게 대하는 것이다. 많은 이들이 실천하지 못하는 일이다.

Franklin D. Roosevelt knew that one of the simplest, most obvious and most important ways of gaining good will was by remembering names and making people feel important. Yet how many of us do it?

우리는 이름에 담긴 마법을 기억해야
한다. 이름은 우리가 대하는 상대방이
완전히, 전적으로 소유한 단 하나의
아이템이다. 이름은 개인을 구분 짓고
많은 사람 속에서 자신을 특별한 존재로
만들어준다. 어떠한 정보를 전하거나
요청할 때 상대의 이름을 기억하면 더
특별히 중요하게 다루어질 수 있다. 식당
종업원부터 고위 임원까지, 이름은 사람을
대할 때 마법 같은 힘을 발휘한다.

We should be aware of the magic contained in a name and realize that this single item is wholly and completely owned by the person with whom we are dealing and nobody else. The name sets the individual apart; it makes him or her unique among all others. The information we are imparting or the request we are making takes on a special importance when we approach the situation with the name of the individual. From the waitress to the senior executive, the name will work magic aswe deal with others.

성공적인 비즈니스 대화의 비결은 무엇일까? 하버드대학교 총장이었던 찰스 W. 엘리엇은 이렇게 말했다. "성공적인 비즈니스 만남의 비결이란 별것 없습니다. 대화하는 상대방에게 온전한 관심을 기울이는 게 중요하죠. 그것만큼 마음을 움직이는 것도 없답니다."

What is the secret, the mystery, of a successful business interview? Well, according to former Harvard president Charles W. Eliot, "There is no mystery about successful business intercourse. Exclusive attention to the person who is speaking to you is very important. Nothing else is so flattering as that."

허구한 날 반기를 드는 사람이나 가장
냉혹한 비평가도 차분하게 공감하며
이야기를 들어주는 사람 앞에서는
순해질 때가 많다. 성난 킹코브라처럼
커져 자신의 독을 뿜는 동안에도 조용히
들어주는 그런 사람 말이다.

The chronic kicker, even the most violent
critic, will frequently soften and be
subdued in the presence of a patient,
sympathetic listener—a listener who will
he silent while the irate fault-finder dilates
like a king cobra and spews the poison out
of his system.

수많은 유명 인사를 인터뷰한 기자 아이작 F. 마코슨은 많은 사람이 좋은 인상을 남기지 못하는 이유가 집중해서 듣지 않는 데 있다고 말한다. "사람들은 자기가 다음에 할 말에 너무 신경 쓰는 바람에 귀를 닫을 때가 많습니다. 중요한 위치에 있는 이들은 좋은 달변가보다 좋은 경청자가 더 낫다고 말하죠. 하지만 그런 능력을 가진 사람은 흔하지 않습니다." 중요한 인물만이 아니라 보통 사람들도 좋은 경청자를 더 간절히 원한다. 《리더스 다이제스트》에도 나왔듯 "많은 이가 자기 이야기를 들어줄 사람이 필요해 의사를 찾아간다."

Isaac F. Marcosson, a journalist who interviewed hundreds of celebrities, declared that many people fail to make a favorable impression because they don't listen attentively. "They have been so much concerned with what they are going to say next that they do not keep their ears open. Very important people have told me that they prefer good listeners to good talkers, but the ability to listen seems rarer than almost any other good trait." And not only important personages crave a good listener, but ordinary folk do too. As the *Reader's Digest* once said: "Many persons call a doctor when all they want is an audience."

힘들 때 우리 모두 그렇듯 링컨은 단지
마음을 털어놓을 수 있는 따뜻하고
호의적인 경청자가 필요했다. 성난 고객,
불만에 가득 찬 직원, 상처받은 친구가
원하는 것도 바로 그런 경청자일 때가
많다.

Lincoln had wanted merely a friendly,
sympathetic listener to whom he could
unburden himself. That's what we all want
when we are in trouble. That is frequently
all the irritated customer wants, and the
dissatisfied employee or the hurt friend.

사람들이 당신을 피하고, 뒤에서 비웃고, 경멸하게 만들고 싶으면 여기 그 비결이 있다. 상대방의 이야기를 오래 듣지 말고 끊임없이 자기 이야기만 떠들어라. 다른 사람이 이야기할 때도 무엇인가 생각나면 기다리지 마라. 말이 끝나기 전에 바로 끼어들면 된다.

If you want to know how to make people shun you and laugh at you behind your back and even despise you, here is the recipe: Never listen to anyone for long. Talk incessantly about yourself. If you have an idea while the other person is talking, don't wait for him or her to finish: bust right in and interrupt in the middle of a sentence.

자기 말만 하는 이들은 자기만 생각한다.
컬럼비아대학교에서 오랫동안 총장으로
지낸 니콜라스 머리 버틀러 박사는
말했다. "자기만 생각하는 사람은
심각하게 교양이 없다. 아무리 많이
배웠다 한들 교양 없는 사람이다."

People who talk only of themselves think
only of themselves. And "those people who
think only of themselves," Dr. Nicholas
Murray Butler, longtime president of
Columbia University, said, "are hopelessly
uneducated. They are not educated," said
Dr. Butler, "no matter how instructed they
may be."

따라서 좋은 대화 상대자가 되고 싶다면
집중해서 들어주자. 흥미로운 사람이 되고
싶다면 상대에게 관심을 가져라. 다른 이가
즐거워할 만한 질문을 던지고, 그들과
그들의 성과를 이야기하게끔 북돋자.
기억하라. 상대방은 당신과 당신의 문제보다
자신과 자신의 문제, 열망에 100배는 더
관심이 있다는 것을.

So if you aspire to be a good
conversationalist, be an attentive listener.
To be interesting, be interested. Ask
questions that other persons will enjoy
answering. Encourage them to talk about
themselves and their accomplishments.
Remember that the people you are talking
to are a hundred times more interested in
themselves and their wants and problems
than they are in you and your problems.

모든 리더가 그렇듯 루스벨트 대통령은
알았다. 사람의 마음을 얻는 가장 쉬운
방법은 그 사람에게 가장 소중한 것에
관해 이야기하는 것임을 말이다.

For Roosevelt knew, as all leaders know,
that the royal road to a person's heart is to
talk about the things he or she treasures
most.

경청은 우리가 누군가에게 줄 수 있는
최고의 찬사다.

That kind of listening is one of the highest
compliments we can pay anyone.

상대의 관심사에 관해 대화하는 것은
양쪽에게 이롭다. 직원 커뮤니케이션
분야의 리더인 하워드 Z. 허지그는 언제나
이 원칙을 지켰다. 이로 인해 어떤 혜택이
돌아왔냐고 묻자 허지그는 답했다. 각
상대에게 얻은 이로움이 다양하지만, 넓게
보면 누군가와 대화할 때마다 자신의
인생이 확장된 것이 진정한 혜택이었다고
말이다.

Talking in terms of the other person's
interests pays off for both parties. Howard
Z. Herzig, a leader in the field of employee
communications, has always followed this
principle. When asked what reward he got
from it, Mr. Herzig responded that he not
only received a different reward from each
person but that in general the reward had
been an enlargement of his life each time
he spoke to someone.

사람이 살아가는 데는 언제나 중요한 법칙이 한 가지 있다. 이 법칙을 지키면 어려움을 겪을 일도 적고 수많은 친구와 함께하며 행복이 샘솟는다. 그러나 법칙을 어기는 순간, 끊임없는 문제가 생겨난다. 그 법칙은 이렇다. '항상 상대가 중요한 존재라고 느끼게 해주자.'

There is one all-important law of human conduct. If we obey that law, we shall almost never get into trouble. In fact, that law, if obeyed, will bring us countless friends and constant happiness. But the very instant we break the law, we shall get into endless trouble. The law is this: "Always make the other person feel important."

철학자들은 수천 년 동안 여러모로
인간관계의 법칙을 고찰해왔다. 그리고
그 모든 가설은 하나의 중요한 법칙으로
모아졌다. 예수는 아마 역사상 가장
중요할 황금률을 한 가지 생각으로
정리했다. '남에게 대접받고 싶은 대로
남을 대접하라.'

Philosophers have been speculating on the
rules of human relationships for thousands
of years, and out of all that speculation,
there has evolved only one important
precept. Jesus summed it up in one
thought—probably the most important
rule in the world: "Do unto others as you
would have others do unto you."

그러니 남에게 대접받고 싶은 대로 남을
대접하라는 황금률을 지키자. 어떻게?
언제? 어디서? 답은 '언제 어디서나'다.

So let's obey the Golden Rule, and give unto
others what we would have others give
unto us, How? When? Where? The answer
is: "All the time, everywhere."

"귀찮게 해서 죄송하지만" "부탁 좀
드려도 될까요?" "그렇게 해주실 수
있나요?" "괜찮으실까요?" "감사합니다"
같은 사소한 말과 공손함은 매일 반복되는
톱니바퀴 같은 고단한 일상에 윤활유가
되어준다.

Little phrases such as "I'm sorry to trouble
you," "Would you be so kind as to?"
"Won't you please?" " Would you mind?"
"Thank you"—little courtesies like these
oil the cogs of the monotonous grind of
everyday life.

사람들은 대부분 자신을 굉장히 중요한
사람이라고 생각한다. 사람의 인생은
누군가 그를 중요한 존재라고 느끼게 해줄
때 달라질 수 있다.

Almost everyone considers himself
important, very important. The life of many
a person could probably be changed if only
someone would make him feel important.

사람들은 대부분 어떤 면에서는 자신이
상대보다 뛰어나다고 느낀다. 그게
진실이다. 따라서 사람의 마음을 얻는
확실한 방법은 당신이 진심으로 그 사람의
중요성을 인정한다는 걸 은연중에 알리는
것이다. 에머슨이 한 말을 떠올려보자.
"내가 만나는 모든 이는 나보다 뛰어난
면이 있기에 배울 점이 있다."

The unvarnished truth is that almost all the
people you meet feel themselves superior
to you in some way, and a sure way to their
hearts is to let them realize in some subtle
way that you recognize their importance,
and recognize it sincerely. Remember
what Emerson said: "Every man I meet is
my superior in some way. In that, I learn of
him."

뛰어난 통찰력을 지닌 영국의 총리
디즈레일리는 말했다. "상대방에 관한
이야기를 해라. 그러면 그들은 몇
시간이고 귀를 기울일 것이다."

"Talk to people about themselves," said
Disraeli, one of the shrewdest men who
ever ruled the British Empire. "Talk to
people about themselves and they will
listen for hours."

3장

적을
만들지 않는
언어

그런 날 있잖아요. 친구들과 저녁 식사를 하고 있는데 유독 그날따라 서로의 의견이 잘 맞지 않아 뜨거운 논쟁이 시작되는 날이요. 저도 한때 기를 쓰고 온갖 논리와 경험을 예로 들며 제가 맞는 걸 증명하기 위해 애쓴 적이 있는 것 같습니다. 그럼에도 상대가 인정하지 않을 때는 집에 돌아와서도 감정이 상해 있었죠. 그런데 문득 이런 생각이 들었습니다. '그 논쟁에서 이기는 것이 중요한 걸까? 아니면 함께 그 시간을 기분 좋게 보내는 것이 중요한 걸까?' 데일 카네기는 이렇게 말합니다. "논쟁에서 승리하는 것보다 중요한 것은 관계를 유지하고 발전시키는

것이다." 논쟁에는 승자가 없다는 그의 첫 번째
가르침은, 우리가 서로를 이해하고 존중할 때 비로소
진정한 승자가 될 수 있다는 것을 일깨워주는 것
같습니다.

꼭 친구 관계가 아니더라도 일터에서나 사회에서
누군가와 의견 충돌이 생길 때가 있습니다. 기분이
상해 반박하고 싶기도 하죠. 하지만 굳이 적을
만들 필요가 있을까요? 내가 온전히 이해하지
못한 부분도 있을 텐데 말이죠. 솔직하게 실수를
인정하고, 잘못을 바로잡으려는 태도는 오히려
신뢰를 얻는 지름길입니다. 이러한 진정성은
사람들의 마음을 움직이고, 더 깊은 관계를 형성하게
도와주죠. 이번 장에는 '사람을 설득하는 방법'에
대한 카네기의 문장들을 뽑아보았습니다. 사람을
설득하고 움직이는 데 우리가 해야 할 일은 생각보다
간단합니다. '상대의 입장에서 생각해보는' 관점의
변화죠.

우리는 즐거운 파티에 손님으로 간
거잖아. 왜 그 사람이 틀렸다고 증명하려
해? 그러면 그 사람이 널 좋아할까?
체면 좀 살려주면 좋잖아.

We were guests at a festive occasion, my
dear Dale. Why prove to a man he is wrong?

방울뱀과 지진을 피하듯 논쟁을 피하라.
논쟁이 끝날 때쯤이면 사람들은 대부분
자기주장이 옳다고 더 확신한다. 당신은
논쟁에서 이길 수 없다. 당신이 지면 진
것이고, 이겨도 진 것이기 때문이다.
왜일까? 생각해보자. 상대방을 이겨
먹고, 주장의 맹점을 쏘아붙이고,
상대의 머리가 제대로 박히지 않았다는
걸 증명했다고 해보자. 그다음에는
어떨까? 만약 당신은 기분이 좋더라도
상대는 어떻겠는가?

Avoid it as you would avoid rattlesnakes and earthquakes. Nine times out of ten, an argument ends with each of the contestants more firmly convinced than ever that he is absolutely right. You can't win an argument. You can't because if you lose it, you lose it; and if you win it, you lose it. Why? Well, suppose you triumph over the other man and shoot his argument full of holes and prove that he is non compos mentis. Then what? You will feel fine. But what about him?

논쟁에서 이기는 유일한 방법은 논쟁을
피하는 것이라는 결론에 도달했다.

As a result of all this, I have come to the
conclusion that there is only one way under
high heaven to get the best of an argument
and that is to avoid it .

당신은 상대가 스스로를 열등하다 느끼게
만들고, 그 사람의 자존심에 상처를 냈다.
그는 당신의 승리에 분노할 것이다.
그리고… 타의로 설득당한 사람은 여전히
자기 의견을 고수한다.

You have made him feel inferior. You have
hurt his pride. He will resent your triumph.
And... A man convinced against his will Is of
the same opinion still.

제가 비난하면 할수록 잠재 고객은
반대편을 들게 됩니다. 논쟁할수록 경쟁사
제품을 사야겠다는 마음만 굳건해지는
거죠.

I argued against it, the more my prospect
argued in favor of it; and the more he
argued, the more he sold himself on my
competitor's product.

지혜로운 벤저민 프랭클린은 이렇게
말했다. "따져 묻고, 괴롭히고, 반박하면
때로는 승리할 수 있다. 그러나 상대방의
호의는 영원히 잃는 것이기에 그것은 헛된
승리와 같다."

As wise old Ben Franklin used to say: "If you
argue and rankle and contradict, you may
achieve a victory sometimes; but it will be
an empty victory because you will never
get your opponent's good will."

당신은 비실용적이고 극적인 승리와
사람의 호의 중 어떤 것을 원하는가?
둘 다 가지기는 어렵다.

Which would you rather have, an academic,
theatrical victory or a person's good will?
You can seldom have both.

당신이 옳을 수도 있다. 속도를 내며
주장을 몰아붙일 때는 정말 옳은 것 같다.
그러나 다른 이의 마음을 바꾸는 문제
앞에서 당신의 주장은 힘이 없다. 마치
옳지 않은 것처럼.

You may be right, dead right, as you speed
along in your argument; but as far as
changing another's mind is concerned, you
will probably be just as futile as if you were
wrong.

부처는 말했다 "미움은 결코 미움이
아닌 사랑으로 끝난다." 오해는 결코
말다툼이 아닌 사람을 대하는 재치와
기술, 화해와 다른 사람의 입장을
헤아리는 공감으로 끝날 수 있다.

Buddha said: "Hatred is never ended by
hatred but by love," and a misunder-
standing is never ended by an argument
but by tact, diplomacy, conciliation and
a sympathetic desire to see the other
person's viewpoint.

링컨은 이렇게 말했다. "자기 능력을 최대한 발휘하려는 사람은 사사로운 말다툼에 쓸 시간이 없네. 화를 주체하지 못하고 자제력을 잃는 일도 없지. 개에게 물리느니 길을 양보하는 게 낫지 않은가. 개를 죽인다고 물린 상처가 낫는 것도 아니니 말일세."

"No man who is resolved to make the most of himself," said Lincoln, "can spare time for personal contention. Still less can he afford to take the consequences, including the vitiation of his temper and the loss of self-control. Better give your path to a dog than be bitten by him in contesting for the right. Even killing the dog would not cure the bite."

• 화를 조절하자. 어떤 일에 화를 내는지로
그 사람의 그릇을 판단할 수 있다는 걸
기억하자.

• 우선 듣자. 상대방이 말할 기회를 주자.
상대가 먼저 말을 끝내게 하자. 저항, 방어,
논쟁을 삼가자. 장벽만 더 높아질 뿐이다.

• 합의할 수 있는 부분을 찾자. 상대방의
말을 들은 후 의견을 일치시킬 수 있는
부분을 곰곰이 생각해보자.

• 솔직해지자. 실수를 인정할 부분은
인정하라. 실수를 사과하면 상대도 마음의
장벽을 풀고 적개심을 줄인다.

• 상대방의 생각을 검토하고 면밀히
살피겠다고 약속하자. 다른 의견이 옳을
수도 있다.

• Control your temper. Remember, you can measure the size of a person by what makes him or her angry.
• Listen first. Give your opponents a chance to talk. Let them finish. Do not resist, defend or debate. This only raises barriers.
• Look for areas of agreement. When you have heard your opponents out, dwell first on the points and areas on which you agree.
• Be honest, Look for areas where you can admit error and say so. Apologize for your mistakes. It will help disarm your opponents and reduce defensiveness.
• Promise to think over your opponent's ideas and study them carefully. Your opponents may be right.

당신에게 진정한 도움을 줄
사람으로 상대를 바라보자.
적이 친구가 될 수도 있다.

Think of them as people who really want to
help you, and you may turn your opponents
into friends.

"당신에게 이게 왜 옳은지 증명해
보이겠다"는 식으로 말을 시작하지 마라.
이는 "내가 당신보다 똑똑하니 몇 가지
알려주고 네 생각도 바꿀 거야"라고
말하는 것과 같다.

Never begin by announcing "I am going
to prove so-and-so to you." That's
tantamount to saying: "I'm smarter than
you are, I'm going to tell you a thing or two
and make you change your mind."

300여 년 전 갈릴레오는 말했다.
"당신은 어떤 것도 가르칠 수 없다.
그 사람이 직접 찾게 도와줄 수 있을
뿐이다."

Over three hundred years ago Galileo said:
"You cannot teach a man anything; you can
only help him to find it within himself."

영국의 정치가 체스터필드 경도
아들에게 이렇게 말했다. "가능한
한 다른 이보다 현명해져라. 그러나
그들에게는 알리지 마라."

As Lord Chesterfield said to his son: "Be
wiser than other people if you can; but do
not tell them so."

소크라테스는 아테네에 있는 그의
추종자에게 반복해서 강조했다. "내가
아는 유일한 한 가지는 내가 아무것도
모른다는 것이다."

Socrates said repeatedly to his followers in
Athens: "One thing only I know, and that is
that I know nothing."

"제가 틀린 걸 수도 있죠. 그럴 때가
많거든요. 자세히 내용을 살펴봅시다"
같은 말은 아주 긍정적인 마법의 효과를
보인다. 이 세상 그 누구도 그 말에
반발하지 않을 것이다.

There's magic, positive magic, in such
phrases as: "I may be wrong. I frequently
am. Let's examine the facts." Nobody in the
heavens above or on earth beneath or in
the waters under the earth will ever object
to your saying.

내가 틀릴 수 있다고 인정한다고 해서
곤란할 일은 없다. 이런 인정은 오히려
논쟁을 마무리하며, 상대도 그만큼
공정하고 유연한 마음으로 너그럽게
생각하게끔 만든다. 그리고 상대 역시
자신이 틀릴 수도 있다는 생각을 하게
한다.

You will never get into trouble by admitting
that you may be wrong. That will stop all
argument and inspire your opponent to be
just as fair and open and broadminded as
you are. It will make him want to admit that
he, too, may be wrong.

논리적인 사람은 드물다. 우리는 대부분
편견과 선입견을 품고 있다. 사람들은
자신이 추구하는 종교, 머리 스타일,
사회주의 신념, 좋아하는 영화배우에 관한
생각을 바꾸고 싶어 하지 않는다.

Few people are logical. Most of us are
prejudiced and biased. And most citizens
don't want to change their minds
about their religion or their haircut or
communism or their favorite movie star.

우리는 자신의 잘못을 마음속으로 인정할
수 있다. 능숙하고 부드럽게 이끌어만
준다면 다른 사람에게도 잘못을 인정하고,
자신의 솔직함과 포용성에 뿌듯해할
수도 있다. 그러나 상대가 우리 식도에
그 불편한 진실을 쑤셔 넣으려고 하면 이
모든 것은 불가능해진다.

When we are wrong, we may admit it to
ourselves. And if we are handled gently
and tactfully, we may admit it to others
and even take pride in our frankness and
broad-mindedness. But not if someone else
is trying to ram the unpalatable fact down
our esophagus.

프랭클린은 자서전에서 "나는 규칙을 만들었다"고 말한다. "다른 이의 감정을 해치는 반박을 금하고 단정적으로 내 주장을 펼치지 않겠다고 결심했다. '확실히' '의심할 여지없이' 같은 확신을 내포한 단어도 아예 쓰지 않았다. 대신 '이렇게 생각합니다' '이렇게 이해했어요' '그런 것으로 보입니다' '지금은 그렇게 생각합니다' 같은 말을 쓰려고 노력했다.

"I made it a rule," said Franklin, "to forbear all direct contradiction to the sentiment of others, and all positive assertion of my own, I even forbade myself the use of every word or expression in the language that imported a fixed opinion, such as 'certainly' 'undoubtedly' etc... and I adopted, instead of them, 'I conceive' 'I apprehend' or 'I imagine' a thing to be so or so, or 'it so appears to me at present'."

"저는 확신합니다. 상대에게 직설적으로
틀렸다고 말하면 소득은 없고 상처만
남는다고요. 상대방의 자존심만 다치고
당신은 달갑지 않은 대화 상대가 될
뿐입니다."

"I am convinced now that nothing good is
accomplished and a lot of damage can be
done if you tell a person straight out that
he or she is wrong. You only succeed in
stripping that person of self-dignity and
making yourself an unwelcome part of any
discussion."

다른 이가 생각하고, 말하고 싶고,
말하려 하는 나에 관한 비난을 내가
먼저 말해보자. 그러면 상대가 인정
많고 관대한 태도로 당신을 대하고, 그
기마경찰처럼 어느 정도는 실수를 덜어줄
확률도 높아진다.

Say about yourself all the derogatory things
you know the other person is thinking or
wants to say or intends to say-and say them
before that person has a chance to say
them. The chances are a hundred to one
that a generous, forgiving attitude will be
taken and your mistakes will be minimized
just as the mounted policeman did with me
and Rex.

자신의 실수를 인정하는 용기를 내면
어느 정도 좋은 점이 따라온다. 탓하고
변명하는 분위기를 해소하고 실수로
일어난 문제를 해결하는 데도 도움이 될
때가 많다.

There is a certain degree of satisfaction
in having the courage to admit one's
errors. It not only clears the air of guilt and
defensiveness, but often helps solve the
problem created by the error.

잘못을 방어하려 애쓰는 건 어리석은
자들이다. 그들은 대부분 그렇게
행동한다. 하지만 내 잘못을 인정하면
무리에서 더 돋보일 뿐만 아니라 스스로도
기쁨과 고결함을 느낄 수 있다.

Any fool can try to defend his or her
mistakes—and most fools do—but it raises
one above the herd and gives one a feeling
of nobility and exultation to admit one's
mistakes.

내가 옳을 때는 부드럽고 재치 있는
방식으로 상대가 내 생각을 받아들이게끔
하자. 솔직히 생각해보면 내가 틀렸을
때란 놀라울 정도로 많다. 그럴 때는 빨리,
적극적으로 실수를 인정하자. 오랜 격언을
기억하자. "싸워서는 원하는 것을 절대
얻을 수 없다. 양보하면 당신이 원하는 그
이상을 얻을 것이다."

When we are right, let's try to win people
gently and tactfully to our way of thinking,
and when we are wrong—and that will
be surprisingly often, if we are honest
with ourselves—let's admit our mistakes
quickly and with enthusiasm. Remember
the old proverb: "By fighting you never get
enough, but by yielding you get more than
you expected."

"부드럽게 걷는 사람이 멀리 간다."

"잘못했다면 빠르고 확실하게 시인하라."

"He who treads softly goes far."

"If you are wrong, admit it quickly and
emphatically."

공격적인 말투와 적대적인 태도를
보인다고 해서 다른 사람을 당신의 생각에
동조하게 만들 수는 없다.

Will your belligerent tones, your hostile
attitude, make it easy for him to agree with
you?

어떤 사람이 당신에게 증오와 악감정을
가지고 있다면 이 세상 어떤 논리로도
생각을 바꿀 수 없다. 사람들은 자기
생각을 바꾸고 싶지 않으며 강제로
이끈다고 동조하지도 않는다. 그러나
우리가 부드럽고 친절하게 대하면 그들은
더욱 부드럽고 친절한 사람이 될 수 있다.

If a man's heart is rankling with discord
and ill feeling toward you, you can't win
him to your way of thinking with all the
logic in Christendom. People don't want to
change their minds. They can't be forced
or driven to agree with you or me. But they
may possibly be led to, if we are gentle and
friendly, ever so gentle and ever so friendly.

"쓸개즙 한 통보다 꿀 한 방울에 더 많은 파리가 온다"라는 오랜 격언이 있다. 인간도 마찬가지다. 누군가를 당신 편으로 만들고 싶다면, 먼저 당신이 그의 진정한 친구라는 확신을 주자. 그것이 사람의 마음을 사로잡는 꿀 한 방울이자 상대를 설득하는 가장 확실한 방법이다.

It is an old and true maxim that "a drop of honey catches more flies than a gallon of gall." So with men, if you would win a man to you cause, first convince him that you are his sincere friend. Therein is a drop of honey that catches his heart; which, say what you will, is the great high road to his reason.

해님은 바람에 말했다. 다정함과
친절함의 힘이 분노와 강압보다 언제나 더
강력하다고.

The sun then told the wind that gentleness
and friendliness were always stronger than
fury and force.

온갖 공격과 비난보다 친절함과 다정한
태도를 보여주고 감사를 표할 때 상대의
마음을 바꾸기가 더 쉽다.

The friendly approach and appreciation
can make people change their minds more
readily than all the bluster and storming in
the world.

사람들과 대화할 때 생각이 다른
부분부터 논의하려 들지 말자. 의견이
같은 부분부터 이야기하고 계속 그것을
강조하라. 가급적 당신과 상대방 모두
같은 곳을 향해 애쓰고 있으며, 목적이
아닌 방법의 차이만 있을 뿐이라는 걸
강조하자. 상대의 입에서 처음부터 긍정의
말이 나오게 이끌자.

In talking with people, don't begin by
discussing the things on which you differ.
Begin by emphasizing—and keep on
emphasizing—the things on which you
agree. Keep emphasizing, if possible, that
you are both striving for the same end and
that your only difference is one of method
and not of purpose. Get the other person
saying "Yes, yes" at the outset.

우리는 한 번 입 밖에 내뱉은 생각은
바꾸고 싶지 않아 한다. 따라서 긍정적인
방향으로 상대와 대화를 시작하는 것이
대단히 중요하다. 노련한 화자는 시작부터
긍정의 반응을 많이 끌어낸다.

Once having said a thing, you feel you must
stick to it. Hence it is of the very greatest
importance that a person be started in the
affirmative direction. The skillful speaker
gets, at the outset, a number of "Yes"
responses.

잘못을 방어하려 애쓰는 건 어리석은
자들이다. 하지만 내 잘못을 인정하면
무리에서 더 돋보일 뿐만 아니라 스스로도
기쁨과 고결함을 느낄 수 있다.

Any fool can try to defend his or her
mistakes. but it raises one above the herd
and gives one a feeling of nobility and
exultation to admit one's mistakes.

다른 사람을 자기 생각대로 이끌려는
사람은 말이 많다. 그들이 말하게 놔두자.
자기 일과 문제를 잘 아는 건 그들이니
그들이 이야기하게끔 당신은 질문을
던지자.

Must people trying to win others to their
way of thinking do too much talking
themselves. Let the other people talk
themselves out. They know more about
their business and problems than you do.
So ask them questions.

머릿속이 하고 싶은 말로 가득 찬
상태라면 상대방은 귀를 기울이지 않을
것이다. 그러니 마음을 열고 인내심 있게
듣자. 진심으로 들어주자. 상대가 자기
생각을 마음껏 펼치게 북돋자.

They won't pay attention to you while
they still have a lot of ideas of their own
crying for expression. So listen patiently
and with an open mind. Be sincere about
it. Encourage them to express their ideas
fully.

프랑스 철학자 프랑수아 드 라로슈푸코는 말했다. "적을 원하면 친구를 뛰어넘어라. 그러나 친구를 원한다면 친구가 당신을 뛰어넘게 놔두어라." 이게 왜 진실일까? 친구는 당신보다 뛰어날 때 자신이 중요한 사람이라고 느끼며, 반대로 당신이 더 뛰어나다면 초라함과 질투를 느끼기 때문이다.

La Rochefoucauld, the French philosopher, said: "If you want enemies, excel your friends; but if you want friends, let your friends excel you." Why is that true? Because when our friends excel us, they feel important; but when we excel them, they—or at least some of them—will feel inferior and envious.

누군가 은 쟁반에 담아주는 생각보다
자신이 직접 찾아낸 생각에 좀 더 믿음이
가지 않는가? 그렇다면 당신의 의견을
다른 사람의 목에 억지로 쑤셔 넣는
것도 좋지 않을 것이다. 그보다 현명한
방법은 제안을 하고 상대가 직접 결론에
도달하게끔 하는 것이다.

Don't you have much more faith in ideas
that you discover for yourself than in ideas
that are handed to you on a silver platter? If
so, isn't it bad judgment to try to ram your
opinions down the throats of other people?
Isn't it wiser to make suggestions—and let
the other person think out the conclusion?

우리는 누가 억지로 시켜서 한다는
느낌을 싫어하며, 내 뜻대로 소비하고
내 생각대로 행동한다는 느낌을 훨씬
선호한다. 또 누군가가 자신의 희망과
욕구와 생각을 물어봐주는 것도 좋아한다.

No one likes to feel that he or she is being
sold something or told to do a thing. We
much prefer to feel that we are buying of
our own accord or acting on our own ideas.
We like to be consulted about our wishes,
our wants, our thought.

노자는 말했다. "강과 바다가 수많은 계곡의 존경을 받는 까닭은 그들보다 낮은 곳에 있기 때문이다. 그렇기에 모든 계곡을 다스릴 수 있다. 이렇듯 사람을 다스리고 싶은 현인은 자기 몸을 낮춘다. 그들보다 앞서가고 싶을 때는 자신을 뒤로 보낸다. 그러니 현인이 위에 있어도 사람들은 그 무게를 느끼지 못하고, 자신보다 앞에 있어도 무례하다고 느끼지 않는다."

Lao-tse said: "The reason why rivers and seas receive the homage of a hundred mountain streams is that they keep below them. Thus they are able to reign over all the mountain streams. So the sage, wishing to be above men, putteth himself below them; wishing to be before them, he putteth himself behind them. Thus, though his place be above men, they do not feel his weight; though his place be before them, they do not count it an injury."

상대방이 자신이 생각의 주인이라고
느끼게 만드는 것은 비즈니스뿐만 아니라
가정생활에도 효과가 있다.

Letting the other person feel that the idea
is his or hers not only works in business and
politics, it works in family life as well.

물론 상대방이 완전히 틀릴 수도 있다.
그러나 그들은 그렇게 생각하지 않는다.
그러니 어리석은 사람이 되어 그들을
비난하지 말고 이해하려 노력하자.

Remember that other people may be
totally wrong. But they don't think so.
Don't condemn them. Any fool can do that.
Try to understand them.

상대방이 그렇게 생각하고 행동하는 데는
그만한 이유가 있다. 그 이유를 찾아내면
상대의 행동, 어쩌면 성격까지도 이해할
수 있다.

There is a reason why the other man
thinks and acts as he does. Ferret out
that reason—and you have the key to his
actions, perhaps to his personality.

진심으로 상대방의 입장이 되어보자. "그 사람의 입장이라면 나는 어떻게 느끼고 행동했을까?" 이렇게 생각해보면 많은 시간과 짜증을 줄일 수 있다. 왜일까? 원인을 알면 결과도 어느 정도 이해할 수 있기 때문이다. 그러면 당신의 대인 관계 기술 역시 놀랍게 향상될 것이다.

Try honestly to put yourself in his place.
If you say to yourself, "How would I feel,
how would I react if I were in his shoes?"
you will save yourself time and irritation,
for "by becoming interested in the cause,
we are less likely to dislike the effect." And,
in addition, you will sharply increase your
skill in human relationships.

"상대의 생각과 기분을 내 것만큼
존중해야 대화에서 협조적인 태도를
끌어낼 수 있다. 상대에게 대화의 방향과
목적을 알려주고 말을 시작해보자. 그
사람의 입장에서 듣고 싶은 말을 고려해
대화하자. 상대의 관점에 수긍하면 그
역시 당신의 생각에 열린 마음을 가질
것이다."

"Cooperativeeness in conversation is
achieved when you show that you consider
the other person's ideas and feelings as
important as your own. Starting your
conversation by giving the other person the
purpose or direction of your conversation,
governing what you say by what you would
want to hear if you were the listener,
and accepting his or her viewpoint will
encourage the listener to have an open
mind to your ideas."

마법 같은 문장이 있으면 참 좋겠다.
모든 논쟁을 멈추고, 나쁜 감정을 없애고,
상대방이 집중해서 듣게 만드는 그런 문장
말이다. 그리고 실제로 여기 그런 문장이
있다. "그렇게 생각하시는 게 당연해요.
저도 당신이었다면 똑같이 느꼈을
겁니다."

Wouldn't you like to have a magic phrase
that would stop arguments, eliminate ill
feeling, create good will, and make the
other person listen attentively?
Here it is: "I don't blame you one iota for
feeling as you do. If I were you I would
undoubtedly feel just as you do."

진짜 동기는 당사자의 생각인 만큼
당신이 언급할 필요도 없다. 그러나
마음속으로만큼은 이상주의자인 우리는
모두 그럴듯해 보이는 동기를 부여하고
싶어 한다. 그렇기 때문에 누군가를
바꾸기 위해서는 더 고귀한 동기에
호소해야 한다.

The person himself will think of the real
reason. You don't need to emphasize that.
But all of us, being idealists at heart, like
to think of motives that sound good. So,
in order to change people, appeal to the
nobler motives.

사실을 생생하고 흥미롭고 극적으로
전달해야 한다. 영화와 TV에서처럼
쇼맨십이 필요하다. 관심을 원한다면
그렇게 해야 한다.

The truth has to be made vivid, interesting,
dramatic. You have to use showmanship.
The movies do it. Television does it. And
you will have to do it if you want attention.

4장

**타인의 입장에서
생각할 줄 알면
관계를 걱정할
필요가 없다**

리더가 된다는 건 언제나 두려운 일인 것 같습니다. 팀을 올바른 방향으로 이끌어야 한다는 책임감도 있지만, 여러 사람을 개인 혼자 상대하는 부담감은 큰 스트레스이죠. 하지만 대다수는 다양한 곳에서 한 번은 리더의 역할을 해야 할 때가 옵니다. 조별 과제의 리더가 될 수도 있고, 회사에서 팀장이 될 수도 있고, 커뮤니티를 이끄는 리더 또는 가정에서 리더가 되기도 하죠. 저는 유튜브 채널을 운영하며 현재는 작은 팀을 꾸려 일하고 있습니다. 저도 리더가 처음인지라 두려운 것이 많았습니다. 실수도 많이 하고 제가 결정한 일임에도 확신을 갖지 못해

팀원들을 불안하게 만들기도 했죠. 때로는 팀원들에
대한 아쉬움에 혼자 외로운 시간도 많이 보냈습니다.
하지만 데일 카네기의 『인간관계론』을 읽고 리더의
자리를 진정성 있게 바라보고 사람들의 신뢰를 얻는
법을 배웠습니다. 이제는 저의 실수에 부끄러워하거나
두려워하지 않고, 팀원들을 이끄는 일에 대한
부담감도 많이 내려놓을 수 있게 되었죠.

이번 장에는 사람의 변화를 이끄는 리더가 되는 데
도움을 주는 카네기의 말을 뽑았습니다. 리더라면
다른 사람의 협조를 기꺼이 이끌어내야 합니다.
하지만 강제의 느낌을 주어서는 안 되죠. 상대는
스스로의 생각에 따라 일한다는 느낌을 받아야
합니다. 이때 도움이 되는 조언들입니다. 리더의
자리에서 두려움을 느낄 때마다 읽고, 삶에 적용하면
신뢰받는 리더가 될 것입니다.

칭찬으로 시작하는 것은 치과 의사가
치료에 앞서 마취제를 놓는 것과 같다.
마취를 하면 이에 드릴이 닿아도 고통이
덜하다. 리더는 이렇게 사람을 다루어야
한다.

Beginning with praise is like the dentist
who begins his work with Novocain.
The patient still gets a drilling, but the
Novocain is pain-killing.

다른 사람을 설득하는 일의 성공 여부는
어떤 세 글자 단어를 사용하는가에 따라
갈릴 때가 많다. 우리는 대부분 비난에
앞서 칭찬을 한 후 '그러나'라는 단어를
붙여 못한 점을 지적한다. 이때 '그러나'를
'그리고'라는 세 글자로만 바꾸어도
상황은 쉽게 달라질 수 있다.

Simply changing one three-letter word can
often spell the difference between failure
and success in hanging people without
giving offense or arousing resentment.
Many people begin their criticism with
sincere praise followed by the word "but"
and ending with a critical statement.
This could be easily overcome by changing
the word "but" to "and."

간접적으로 잘못을 알려주는 방법은
직접적인 비난에 분개하는 예민한
이들에게 특히 효과적이다.

Calling attention to one's mistakes
indirectly works wonders with sensitive
people who may resent bitterly any direct
criticism.

상대방이 먼저 자신도 완벽하지 않다는 걸
겸손히 인정한후 당신의 잘못을 열거하면
좀 더 쉽게 받아들일 수 있을 것이다.

It isn't nearly so difficult to listen to
a recital of your faults if the person
criticizing begins by humbly admitting that
he, too, is far from impeccable.

자신을 낮추고 상대를 높이는 몇 마디
말로 모멸감을 느낀 오만한 황제를
충직한 친구로 만들 수 있다면, 겸손과
칭찬이 우리가 일상에서 만나는 이들에게
어떤 작용을 할지 상상해보자. 제대로만
사용한다면 겸손과 칭찬은 인간관계의
진정한 기적을 불러올 것이다.

If a few sentences humbling oneself
and praising the other party can turn a
haughty, insulted Kaiser into a staunch
friend, imagine what humility and praise
can do for you and me in our daily contacts.
Rightfully used, they will work veritable
miracles in human relations.

자기 잘못을 인정하는 것은 다른 이의
행동을 바꾸는 데도 도움이 된다.

Admitting one's own mistakes—even when
one hasn't corrected them—can help
convince somebody to change his behavior.

공격적인 명령을 받고 느낀 분노는
오래간다. 정말 나쁜 상황을 바로잡기
위해 내린 명령일지라도 그렇다.

Resentment caused by a brash order may
last a long time—even if the order was
given to correct an obviously bad situation.

질문으로 말을 시작하면 명령이 좀 더
기분 좋게 들릴 뿐만 아니라 상대방의
창의적인 생각도 자극한다. 사람은 명령을
실행하는 결정에 본인이 직접 참여하면 더
잘 받아들인다.

Asking questions not only makes an order
more palatable; it often stimulates the
creativity of the persons whom you ask.
People are more likely to accept an order
if they have had a part in the decision that
caused the order to be issued.

비행사이자 작가인 앙투안 드
생텍쥐페리는 이런 글을 썼다. "내게는
상대를 과소평가하게 만드는 말이나
행동을 할 권리가 없다. 내가 그를 어떻게
생각하는지는 중요하지 않다. 그가 자신을
어떻게 생각하는지가 중요하다. 사람의
존엄성을 훼손하는 건 범죄다."

The legendary French aviation pioneer and
author Antoine de Saint-Exupéry wrote:
"I have no right to say or do anything that
diminishes a man in his own eyes. What
matters is not what I think of him, but what
he thinks of himself. Hurting a man in his
dignity is a crime."

"비난하지 말고 칭찬하라"는 위대한
심리학자 B. F. 스키너가 가르친 기본
개념이다. 그는 동물과 인간 실험에서
비난은 줄이고 칭찬을 극대화했을 때
좋은 행동은 강화되고 안 좋은 행동은
쇠퇴한다는 사실을 보여주었다.

Use of praise instead of criticism is the
basic concept of B. F. Skinner's teachings.
This great contemporary psychologist
has shown by experiments with animals
and with humans that when criticism is
minimized and praise emphasized, the
good things people do will be reinforced
and the poorer things will atrophy for lack
of attention.

그렇다면 미국의 저명한 심리학자이자 철학가인 윌리엄 제임스의 격언을 다시 들어보자. "우리는 가능성에 비해 절반만 깨어 있다. 자기 신체와 정신적 능력을 아주 조금만 사용한다. 넓은 의미로 해석하자면, 그래서 인간은 자신의 한계에 훨씬 못 미치는 삶을 산다. 많은 능력이 있지만 습관적으로 사용하지 않는다."

Then listen to these sage words from William James, one of the most distinguished psychologists and philosophers America has ever produced: "Compared with what we ought to be, we are only half awake. We are making use of only a small part of our physical and mental resources. Stating the thing broadly, the human individual thus lives far within his limits. He possesses powers of various sorts which he habitually fails to use."

그렇다. 이 글을 읽는 당신에게도
습관적으로 사용하지 않는 많은 능력이
있다. 그리고 당신이 최대한으로 사용하지
않는 능력에는 다른 이를 칭찬하고 숨은
가능성을 발현하게끔 이끌어주는 기적의
힘도 포함된다. 능력은 비판 속에서
시들어버리지만 격려 속에서는 활짝
피어난다.

Yes, you who are reading these lines
possess powers of various sorts which
you habitually fail to use; and one of these
powers you are probably not using to the
fullest extent is your magic ability to praise
people and inspire them with a realization
of their latent possibilities. Abilities wither
under criticism; they blossom under
encouragement.

"상대가 당신을 존중하고, 당신도 상대의
특정 능력을 존중한다는 걸 보여주면 그
사람을 쉽게 이끌 수 있다." 다시 말해
상대가 어떤 부분을 개선하기 원한다면,
이미 그 부분이 그 사람의 특출한 장점인
것처럼 이야기하라.

"The average person can be led readily if
you have his or her respect and if you show
that you respect that person for some kind
of ability." In short, if you want to improve
a person in a certain aspect, act as though
that particular trait were already one of his
or her outstanding characteristics.

우리는 모두 칭찬받기를 원한다. 그러나
상대방은 그 칭찬이 구체적이어야
진심으로 받아들인다. 기억하자. 우리는
감사와 인정을 갈망하며 이를 얻기
위해서라면 어떤 것이든 하려 한다.
그러나 영혼 없는 칭찬을 원하는 이는
없다. 즉 아첨은 필요 없다.

Everybody likes to be praised, but when
praise is specific, it comes across as
sincere—not something the other person
may be saying just to make one feel good.
Remember, we all crave appreciation and
recognition, and will do almost anything
to get it. But nobody wants insincerity.
Nobody wants flattery.

셰익스피어는 말했다. "미덕을 갖추지 못했다 해도 가진 것처럼 행동하라." 그러니 상대가 개선했으면 하는 부분을 이미 갖추었다고 가정하고 공공연히 말해주는 것이 좋다. 그 사람이 부응할 좋은 평판을 제시하자. 그러면 당신의 환상을 깨뜨리고 싶지 않은 그는 엄청난 노력을 할 것이다.

Shakespeare said "Assume a virtue, if you have it not." And it might be well to assume and state openly that other people have the virtue you want them to develop. Give them a fine reputation to live up to, and they will make prodigious efforts rather than see you disillusioned.

인간관계의
3가지 기본 원칙

원칙 ❶ 비판이나 비난, 불평을 삼가라.

원칙 ❷ 솔직하고 진심 어린 인정을 표현하라.

원칙 ❸ 다른 사람의 열망을 자극하라.

사람들의 호감을 얻는
6가지 원칙

원칙 ❶ 다른 사람에게 진정한 관심을 가져라.

원칙 ❷ 미소를 지어라.

원칙 ❸ 어떤 언어로든, 이름은 그 사람에게 가장
달콤하고 중요한 소리임을 기억하라.

원칙 ❹ 좋은 경청자가 되어라. 상대방이 자신에 대해
말하게끔 이끌어라.

원칙 ❺ 상대방의 관심사를 이야기하라.

원칙 ❻ 상대가 중요한 사람이라고 느끼게 하라.
진심으로 그렇게 대하라.

사람을 설득하는
12가지 원칙

원칙 ❶ 논쟁에서 이기는 유일한 방법은 피하는 것이다.

원칙 ❷ 다른 사람의 의견을 존중하라. 절대 틀렸다고 말하지 마라.

원칙 ❸ 잘못했다면 빠르고 확실하게 시인하라.

원칙 ❹ 친절한 태도로 시작하라.

원칙 ❺ 상대의 긍정 반응을 바로 끌어내라.

원칙 ❻ 상대방이 많은 이야기를 하게 하라.

원칙 ❼ 상대가 본인이 생각한 것처럼 느끼게 만들어라.

원칙 ❽ 진심으로 다른 사람의 관점에서 생각하라.

원칙 ❾ 상대방의 생각과 욕구에 공감하라.

원칙 ❿ 더 고귀한 동기에 호소하라.

원칙 ⓫ 당신의 생각을 극적으로 표현하라.

원칙 ⓬ 도전 정신을 자극하라.

사람의 변화를 이끄는 리더가 되는
9가지 원칙

원칙 ❶ 칭찬과 진심 어린 인정으로 말을 시작하라.

원칙 ❷ 상대의 잘못을 간접적으로 알려주라.

원칙 ❸ 다른 사람을 비난하기 전에 자기 잘못부터
말하라.

원칙 ❹ 직접적인 명령 대신 질문을 제시하라.

원칙 ❺ 상대방의 체면을 세워주라.

원칙 ❻ 아주 작은 발전을 포함한 모든 발전을
칭찬하라. '진심으로 인정하고 폭풍같이
칭찬하라.'

원칙 ❼ 상대가 부응할 좋은 평판을 건네라.

원칙 ❽ 고치기 쉬운 잘못이라 느끼도록 격려하라.

원칙 ❾ 당신의 제안에 상대방이 기꺼이 협력하게
하라.

엮고 쓴이 **드로우앤드류**

'내가 꿈꾸는 나(앤드류)를 그려나간다'라는 뜻을 가진 이름 '드로우앤드류'로 활동하는 작가이자 콘텐츠 크리에이터. 삶과 커리어, 관계에서 겪을 수 있는 많은 이야기를 나누며 구독자와 공감하고 함께 성장하고 있으며, 좋아하는 일과 꿈 사이에서 어떻게 나의 영역을 가꿔나가는지에 대한 다양한 통찰력을 전하고 있다. 드로우앤드류는 윌북 '굿라이프 클래식' 데일 카네기『인간관계론』에서 직접 문장들을 뽑아 자신의 경험과 이야기를 함께 쓰고 책으로 엮었다. 카네기의 말과 영어 원문이 어우러진, 삶을 단단하게 만들 철학 메시지를 감각적으로 전하는 책이다.

유튜브 채널 @drawandrew

옮긴이 **송보라**

서강대학교에서 영문학과 경영학을 전공하고 다국적 기업에서 커뮤니케이션 전문가로 일했다. 한 권의 책이 가진 힘을 믿으며 글을 옮긴다. 옮긴 책으로는『워런 버핏의 백만장자 비밀클럽』『지브리 스튜디오에선 무슨 일이?』『오 헨리 사랑의 단편』『하루에 한 걸음씩 행복해지기』『최고 직장의 비결』『10대부터 읽는 머니 스쿨』등이 있다. 현재 바른번역 소속 번역가로 활동 중이다.

굿라이프 클래식은 나의 세계를
단단하게 하는 고전의 철학을 전합니다.

굿라이프 클래식

❶ 『생각하라 그리고 부자가 되어라』

1937년 출간된 20세기 최고의 성공 철학서. 목표와 꿈, 행
동이 하나로 강렬하게 움직일 때 인간의 가능성이 얼마나
크고 강력해지는지, '생각의 힘'을 발견하게 하는 책이다.

나폴레온 힐 지음 | 김미란 옮김 | 328쪽

❷ 『인간관계론』

1936년 출간된 영원한 인간관계의 바이블. 20세기 자기
계발과 성공학의 원전. 인간 본성을 꿰뚫고 타인을 움직이
는 방법을 알려준다. 이 책을 읽으면 풀지 못할 인간관계
란 없다.

데일 카네기 지음 | 송보라 옮김 | 348쪽

단단한 고전의 작은 지혜
굿라이프 클래식 문장 모음집

❶ 『성공은 누구도 차별하지 않는다』

원문과 함께 읽는 나폴레온 힐의 문장들

『생각하라 그리고 부자가 되어라』에서 드로우앤드류가 뽑아 엮고 씀 |
김미란 옮김 | 188쪽

❷ 『상대는 중요한 사람이다』

원문과 함께 읽는 데일 카네기의 문장들

『인간관계론』에서 드로우앤드류가 뽑아 엮고 씀 | 송보라 옮김 | 188쪽

굿라이프 클래식
문장 모음집 **2**

타인의 마음을 움직이는 카네기의 말
상대는 중요한 사람이다

펴낸날 초판 1쇄 2024년 11월 20일

지은이 데일 카네기

엮고 쓴이 드로우앤드류

옮긴이 송보라

펴낸이 이주애, 홍영완

편집장 최혜리

편집 양혜영, 김혜원, 김하영, 박효주, 강민우, 한수정,
　　　홍은비, 안형욱, 최서영, 송현근, 이소연, 이은일

디자인 박정원, 김주연, 기조숙, 윤소정, 박소현

홍보마케팅 백지혜, 김태윤, 김준영, 김민준

콘텐츠 이태은, 조유진

해외기획 정미현, 정수림

경영지원 박소현

펴낸곳 (주)윌북　**출판등록** 제 2006-000017호

주소 10881 경기도 파주시 광인사길 217

홈페이지 willbookspub.com　**전화** 031-955-3777　**팩스** 031-955-3778

블로그 blog.naver.com/willbooks　**포스트** post.naver.com/willbooks

트위터 @onwillbooks　**인스타그램** @willbooks_pub

ISBN 979-11-5581-770-4 (04190) 979-11-5581-718-6 (세트)